親子で学ぼう！はじめての手話
楽しみながら基本がわかる

元NHK手話ニュースキャスター
深海 久美子 著

野々木 のこ 作画

メイツ出版

　みなさんは『手話』を知っていますか？最近はテレビで見かけたり、学校で勉強したことのある人も多いと思います。
　では、手話は『聞こえない人たちのことば』であることは知っていますか？2006年に国連で障害者権利条約が採択され、手話は言語であると定められました。その後、日本でも手話言語法を制定する運動が広がっています。国の法律はまだできていませんが、全国各地で手話言語条例が次々に成立し、手話を言語として認め、手話を普及させる動きが広がっています。手話は、日本語を手や指の形に置き換えたものでなくひとつの言語です。外国語を学ぶような気持ちで楽しく学んでもらいたいと思います。
　この本には、手話の動きをイメージするイラストがたくさん載っています。手の動きそのものをイラストから理解してどんどん手話であらわしてみてください。
　学校でまだ教わっていない難しい漢字もたくさん載せました。手話には漢字の形をあらわすものがたくさんあり、聞こえない人には音であらわすひらがなより漢字の方が理解しやすい場合があります。ふりがながふってあるので、たくさんの漢字を知るきっかけにしてください。そして意味がわからなかったら辞書を引いて調べてみてください。
　たくさんのことばを知り、様々なことに関心を持ち、疑問に感じたことは調べてみる。それはあなたの大切な宝物となります。
　最後に、この本を読んで手話に興味を持ったあなた。この本のアヤミのように、ぜひ手話サークルに足を運んでください。そして、聞こえない人たちから手話を学んでください。今まで知らなかった世界への扉が待っています。
　たくさんのコウタとアヤミがこの本を手にしてくれますように。そして聞こえない人への理解が広がり、たくさんの人が手話ということばを知ってくれますように。

2018年5月

深海 久美子

この本の使い方

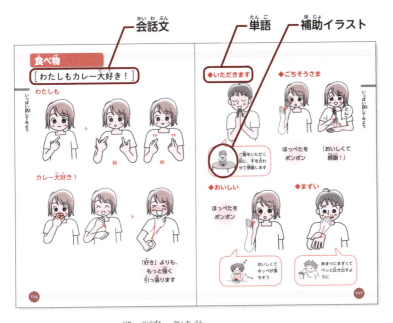

[会話文]	よく使う表現を会話文にしています。 なるべく区切らずに、流れで覚えましょう。 長い文章の場合には、文節で区切って並べてあります。 イラストの手の動きだけでなく、表情もまねしてみてください。
◆単語	よく使う単語を集めました。 会話文の中の単語を置き換えて練習してみましょう。
補助イラスト	手話の動きのイメージをつかんでください。
矢　印	矢印は手の動く方向を表しています。　　手と手をくっつけます。　　手を体にくっつけます。
▶ のところでは少し間をとって表現しましょう。	◆仕事A　◆仕事B 　ひとつの日本語で手話表現が複数あるものはABで区別しています。　　動きの順序をあらわしています。

	この本の使い方		3

1章　自己紹介をしてみよう

	マンガ 第1話　「アヤミとコウタの出会い　手話って…？」		8
あいさつ	こんにちは　元気？		16
	うん　元気だよ		17
	こんにちはB・おはよう		18
	こんばんは・はじめまして		19
	よろしく・ありがとう		20
	ごめんね・さようなら		21
名前	わたしは中原アヤミ		22
	あなたは？		23
	ぼくは小林コウタ		24
	よろしく		25
	名前A・名前B・井上		26
	大川・山本		27
	佐藤・佐々木		28
	服部A・服部B		29
	ミニコラム『「名前」について』		29
指文字			30
年齢	わたしは11歳　あなたは？		42
	ぼくも11歳だよ		43
数字			44
誕生日	誕生日はいつ？		46
	7月25日		47
家族	家族は何人？　3人		48
	お父さんと　お母さんと　ぼく		49
	お父さん・お母さん・お兄さん・弟		50
	お姉さん・妹・おじいちゃん・おばあちゃん		51
住所	わたしのおばあちゃんは北海道に住んでいるの		52
	あなたのおばあちゃんは？　奈良に住んでいるよ		53
	生まれたところはどこ？　京都		54
	ふーん　わたしは神奈川生まれ		55
都道府県名			56
	コラム『地名』		65
仕事	お父さんのお仕事は？		66
	理容師　仕事A・仕事B		67
	きみのお父さんの仕事は？		68
	会社員　東京に勤めてるの		69

公務員・学校の先生 ———————————————— 70

お医者さん・看護師さん ———————————————— 71

警察官・保育士 ———————————————— 72

2章　学校の話をしてみよう

マンガ 第2話 「ろう学校って知っている？」———————————————— 74

学校　わたしはサクラ小学校の5年生 ———————————————— 80

あなたの学校は？ ———————————————— 81

ぼくはアサヒろう学校小学部の5年生だよ ———————————————— 82

ミニコラム『ろう学校って？』 ———————————————— 83

幼稚園・幼稚部・保育園 ———————————————— 84

中学校・中学部・高校・高等部 ———————————————— 85

科目　わたしは算数が好き　へぇーぼくは算数は嫌い ———————————————— 86

体育が好き ———————————————— 87

ミニコラム『音楽の授業はあるの？』 ———————————————— 87

国語・理科・社会 ———————————————— 88

音楽・図工・テスト ———————————————— 89

学校での生活　給食はある？ ———————————————— 90

あるよ　とってもおいしいんだよ ———————————————— 91

ミニコラム 『「給食」について』 ———————————————— 81

休み時間・トイレ ———————————————— 92

運動会・遠足・時間割 ———————————————— 93

1時間目・放課後 ———————————————— 94

コラム 『特別支援学校』 ———————————————— 95

遊び　どんな遊びが好き？　ドッジボール ———————————————— 96

じゃあ　友だちを呼んで　一緒に遊ぼう！ ———————————————— 97

なわとび・おにごっこ・鉄棒・ブランコ ———————————————— 98

野球・サッカー・トランプ・TVゲーム ———————————————— 99

コラム 『様々なコミュニケーションの手段』 ———————————————— 100

3章　いっぱい話してみよう

マンガ 第3話 「コウタの家に遊びに行って」———————————————— 102

時間　朝　何時に起きる？　7時ごろ ———————————————— 110

昼・夕方・夜 ———————————————— 111

寝る・お風呂・出かける ———————————————— 112

今日・昨日・明日 ———————————————— 113

食べ物　好きな食べ物はなに？ ———————————————— 114

ミニコラム 『「食べる」「飲む」のあらわし方』 ———————————————— 114

目次

食べ物

カレーライス　きみは？ ……………………………… 115
わたしも　カレー大好き！ …………………………… 116
いただきます・ごちそうさま・おいしい・まずい …… 117
ご飯・ラーメン・スパゲティ ………………………… 118
お寿司・蕎麦・ピザ …………………………………… 119
ハンバーガー・日本茶Ａ・日本茶Ｂ・コーヒー ……… 120
紅茶・ジュース・ウーロン茶 ………………………… 121

四季

夏と冬　どっちが好き？　夏が好き …………………… 122
夏休みに家族で海水浴に行くんだ …………………… 123
春・夏・秋 ……………………………………………… 124
冬・四季 ………………………………………………… 125

動物・魚・虫

わたし　ネコを飼っているの ………………………… 126
ミニコラム　『手話は世界共通？』 ……………… 126
へえー　ぼくはイヌ　かわいいよね ………………… 127
ネズミ・ウシ・トラ …………………………………… 128
ウサギ・タツ・ヘビ …………………………………… 129
ウマ・ヒツジ・サル …………………………………… 130
ニワトリ・イノシシ・ライオン ……………………… 131
サカナ・カメ・ムシ …………………………………… 132
チョウチョ・トンボ・カタツムリ …………………… 133

曜日

来週の土曜日は手話サークルだね …………………… 134
行く？　うん　お母さんと一緒に行くよ …………… 135
日曜日・月曜日・火曜日 ……………………………… 136
水曜日・木曜日・金曜日 ……………………………… 137
土曜日・祝日・１週間 ………………………………… 138
今週・来週・先週 ……………………………………… 139

天気

明日晴れるといいな　どうして？ …………………… 140
運動会があるの　見に来てくれる？ ………………… 141
もちろん！　本当？　じゃ　約束ね！ ……………… 142

感情を表す表現

うれしい（楽しい）・恥ずかしい・悲しい・さびしい … 143

天気

晴れ・雨・くもり ……………………………………… 144
風・雪・雷 ……………………………………………… 145

乗り物

自転車・自動車・バス ………………………………… 146
電車・新幹線・地下鉄 ………………………………… 147
飛行機・船・オートバイ ……………………………… 148

方角

東・西・南・北 ………………………………………… 149

マンガ第4話　「聴導犬ってどんな仕事をするの？」 … 150

さくいん …………………………………………… 157
著者・作画紹介 …………………………………… 160

1章

自己紹介を
してみよう

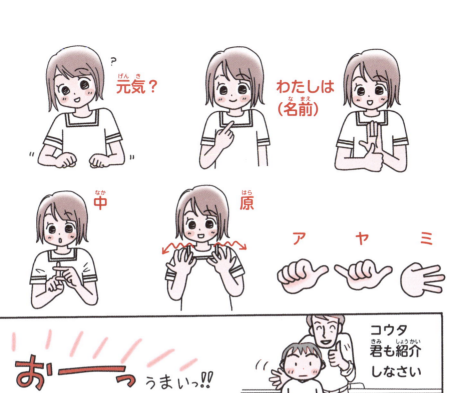

あいさつ

[こんにちは]

自己紹介してみよう

❶

❷

短い針と長い針が12時の位置で「昼」だよ

人と人が出会って「あいさつ」

[元気？]

MEMO
手話をするとき、右利きの人は右手で、左利きの人は左手で表現しましょう。この本は右利きの人に合わせて表現しています。

16

[うん]

うなずきます

自己紹介してみよう

MEMO
頭を下げたり片手を軽くあげても
あいさつはできます

[元気だよ]

ひじを張って
元気よく

MEMO
相手の目を見て、自分の気持ちを
しっかり表現しましょう。

あいさつ

自己紹介してみよう

◆こんにちは B

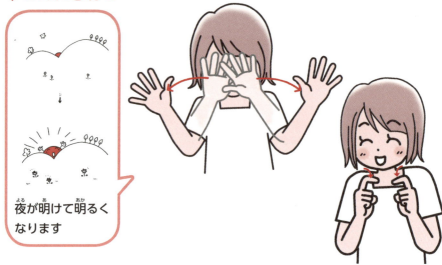

夜が明けて明るくなります

◆おはよう

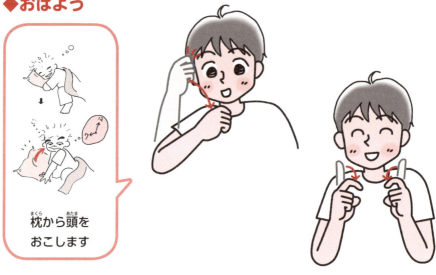

枕から頭をおこします

◆ こんばんは

お日さまが沈んで暗くなります

自己紹介してみよう

◆ はじめまして

①

②

数字のたくさん入った袋の中から「1」を取り出します

人と人が出会います。
ごっつんこしないように

19

あいさつ

自己紹介してみよう

◆よろしく

『よろしくね！』
とお願いします

正面から
みたところ

正面から
みたところ

◆ありがとう

とんっ

横からみたところ

お相撲さんが勝った時のごあいさつ
『ごっつあんです』

◆ごめんね

自己紹介してみよう

まゆとまゆの間を
つまんで
『迷惑かけてごめん』
とあやまります

◆さようなら

『バイバイ』と手を
ふりましょう。

名前

[わたしは中原アヤミ]

自己紹介してみよう

わたしは

自分をさして「わたし」

相手に拇印を示して「名前A」

拇印

中原

漢字の「中」

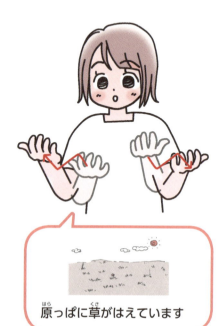

原っぱに草がはえています

アヤミ

自己紹介してみよう

指文字で音をひとつひとつあらわします

[あなたは？]

相手をさして「あなた」

「なに？」とたずねます

23

名前

[ぼくは小林コウタ]

自己紹介してみよう

ぼくは

自分をさして「ぼく」

相手に拇印を示して「名前A」

小林

漢字の「小」

道の両側に木が並んで立っています。
漢字の「林」

コウタ

自己紹介してみよう

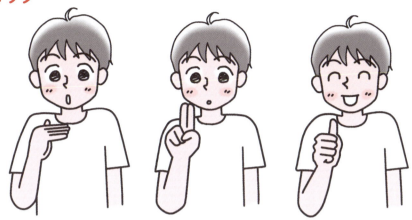

指文字で音をひとつひとつ
あらわします

[よろしく]

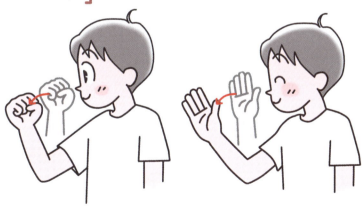

「よろしくね！」とお願いします

名前

自己紹介してみよう

◆名前A

相手に拇印を示します

◆名前B

名札をあらわします

MEMO
名前のあらわし方には、相手に拇印を示す方法や、名札をあらわす方法があります。

◆井上

漢字の「井」

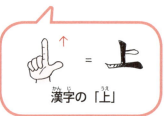
漢字の「上」

◆大川

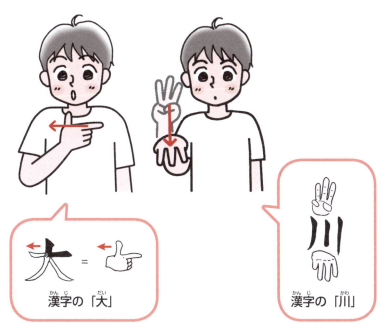

自己紹介してみよう

漢字の「大」

漢字の「川」

◆山本

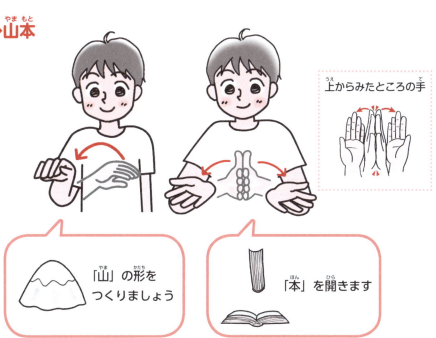

上からみたところの手

「山」の形をつくりましょう

「本」を開きます

27

名前

自己紹介してみよう

◆佐藤

「砂糖」をなめて
口がベタベタ

◆佐々木

背中の刀を
抜くように

昔、『佐々木小次郎』という
武将がいました。
背中に長ーい刀を背負って
いたんだよ。「佐々木」は
その刀を抜くというところ
からきています

◆服部A　　　　　　　◆服部B

自己紹介してみよう

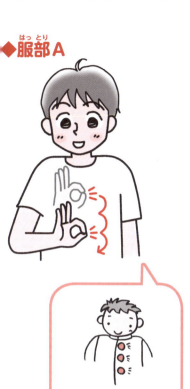

洋服のボタンをあらわします

忍者『はっとり』が手裏剣をパッと投げる様子

『「名前」について』

名前の表現には
○ 漢字の形をあらわす（例：井上・大川）
○ 物の形や動きの様子をあらわす（例：山本）
○ 名前の発音と同じ手話であらわす（例：佐藤）
○ 人や物の特徴をとらえてあらわす（例：佐々木）
○ 名前のイメージをあらわす（例：服部）
などの方法があります。
また、指文字や空書であらわす方法もあります。

指文字

ア行

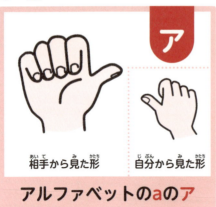

アルファベットのaのア

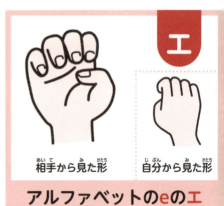

アルファベットのeのエ

アルファベットのiのイ

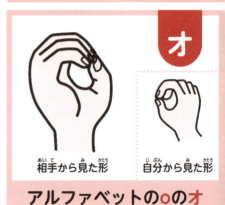

アルファベットのoのオ

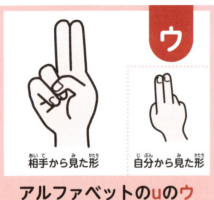

アルファベットのuのウ

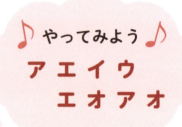

♪やってみよう♪
アエイウ
エオアオ

カ行

アルファベットKのカ

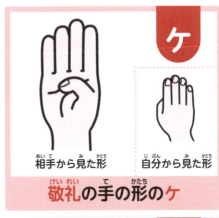

敬礼の手の形のケ

影絵のキツネのキ

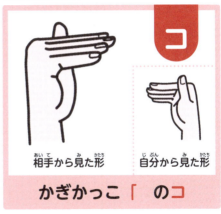

かぎかっこ「　のコ

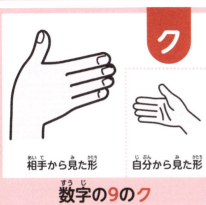

数字の9のク

♪ やってみよう ♪
カ ケ キ ク
ケ コ カ コ

指文字

指文字

サ行

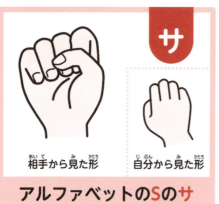

アルファベットのSのサ

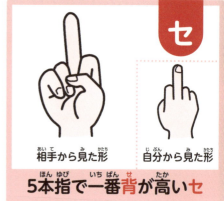

5本指で一番背が高いセ

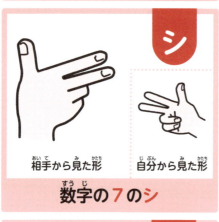

数字の7のシ

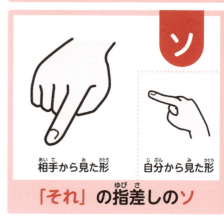

「それ」の指差しのソ

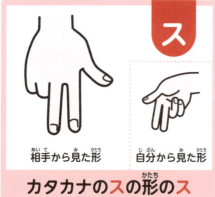

カタカナのスの形のス

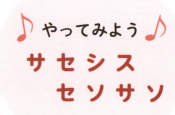

♪ やってみよう ♪
サ セ シ ス
セ ソ サ ソ

タ行

アルファベットのTのタ

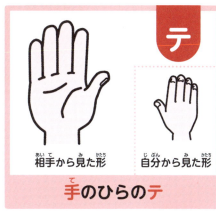

手のひらのテ

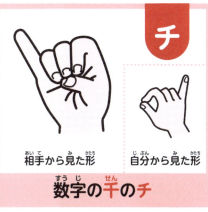

数字の千のチ

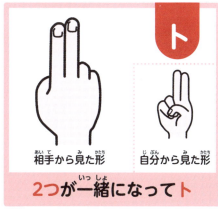

2つが一緒になってト

カタカナのツの形のツ

♪ やってみよう ♪
タ テ チ ツ
テ ト タ ト

指文字

ナ行

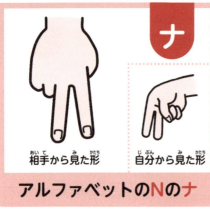

相手から見た形　自分から見た形

アルファベットのNのナ

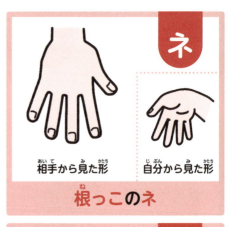

相手から見た形　自分から見た形

根っこのネ

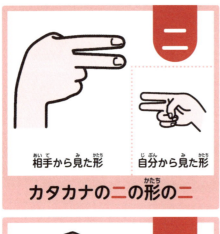

相手から見た形　自分から見た形

カタカナのニの形のニ

相手から見た形　自分から見た形

カナカナのノを空書してノ

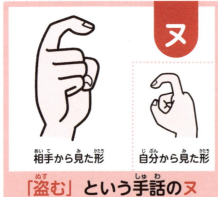

相手から見た形　自分から見た形

「盗む」という手話のヌ

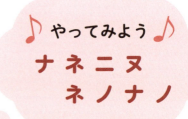

♪ やってみよう ♪
ナ ネ ニ ヌ
ネ ノ ナ ノ

ハ行

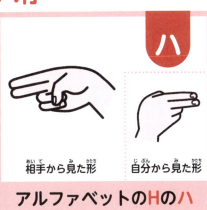

アルファベットのHのハ

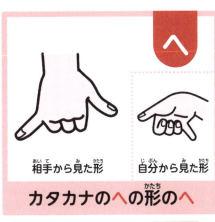

カタカナのヘの形のヘ

数字の1のヒ

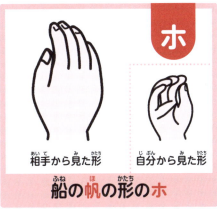

船の帆の形のホ

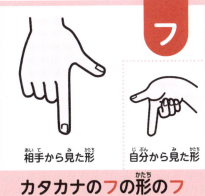

カタカナのフの形のフ

♪ やってみよう ♪
ハ ヘ ヒ フ
ヘ ホ ハ ホ

指文字

マ行

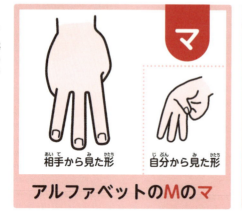
アルファベットのMのマ

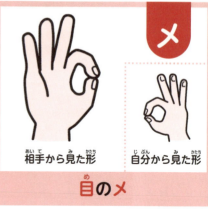
目のメ

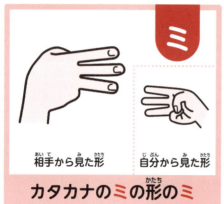
カタカナのミの形のミ

同じという手話のモ

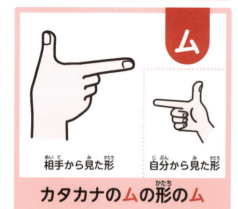
カタカナのムの形のム

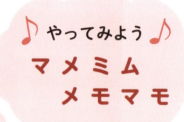
♪やってみよう♪
マ メ ミ ム
メ モ マ モ

ヤ行

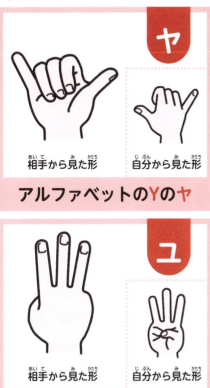

指文字

日本で現在使用されている「指文字」は、1931年（昭和6年）に、大阪市立聾唖学校（現：大阪府立中央聴覚支援学校）の大曽根源助先生が、アメリカの指文字を参考にして考え、作られました。

指文字は手話とは違い、記号のようなものです。指文字を知らない人には伝わりません。また特別な場合を除き、指文字だけで会話をする事もありません。主に名前や地名など固有名詞をあらわす時に使います。

自分が早くあらわすことができても、相手に伝わらなければ意味がありません。伝わっているかどうか相手の表情をしっかり見て使いましょうね。（この本に載っている指文字の説明は、大曽根先生が作ったものとは異なります）

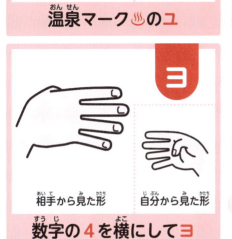

♪ やってみよう ♪
ヤエイユ
エヨヤヨ

指文字

ラ行

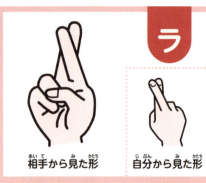

アルファベットのrのラ

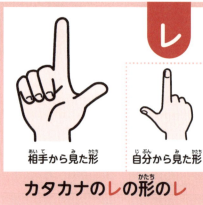

カタカナのレの形のレ

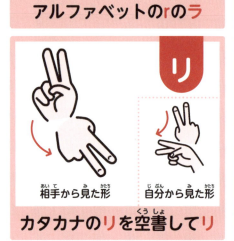

カタカナのリを空書してリ

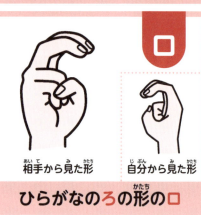

ひらがなのろの形のロ

カタカナのルの形のル

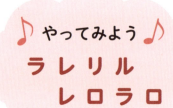

♪ やってみよう ♪
ラ レ リ ル
レ ロ ラ ロ

ワ行

アルファベットのWのワ

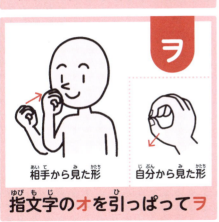

指文字のオを引っぱってヲ

カタカナのンを空書してン

濁音のあらわし方

指文字を右に動かしましょう

[ガム] 相手から見た形

ガ

※「カ」を右に動かす

ム

指文字

半濁音のあらわし方

指文字を上に動かしましょう

[ペン] 相手から見た形

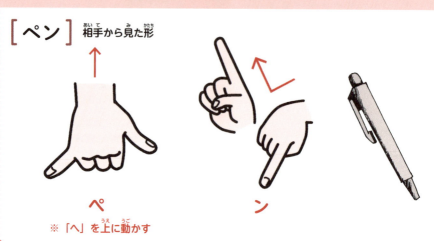

ペ　ン

※「ヘ」を上に動かす

拗音・促音のあらわし方

指文字を手前に引っぱりましょう

[野球] 相手から見た形

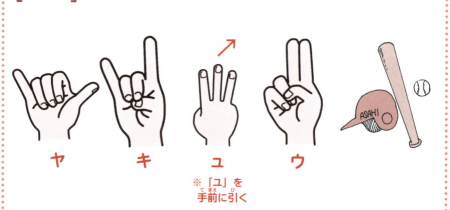

ヤ　キ　ュ　ウ

※「ユ」を手前に引く

長音のあらわし方

指文字

人指し指で棒を書くようにしましょう

[カレー] 相手から見た形

カ　レ　ー

♪ やってみよう ♪

[ピカチュウ] 相手から見た形

ピ　カ　チ　ュ　ウ

©Nintendo・Creatures・GAME FREAK・TV Tokyo・ShoPro・JR Kikaku
©Pokémon

[ドラえもん] 相手から見た形

ド　ラ　エ　モ　ン

©藤子プロ・小学館・テレビ朝日

41

年齢

自己紹介してみよう

[わたしは11歳]

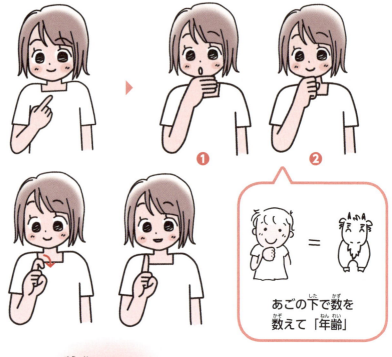

あごの下で数を数えて「年齢」

数字の「11」

[あなたは？]

[ぼくも11歳だよ]

ぼくも

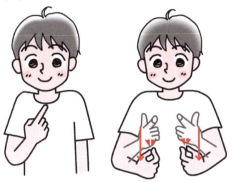

相手から見た形

親指と人差し指をチョンチョンとあわせて「同じ」

自己紹介してみよう

1歳だよ

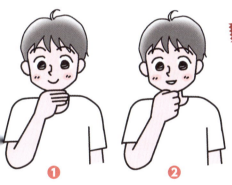

❶ ❷

MEMO

年齢をあらわす時、日本語では『11歳』ですが、手話では『歳11』の順番になります

数字の「11」

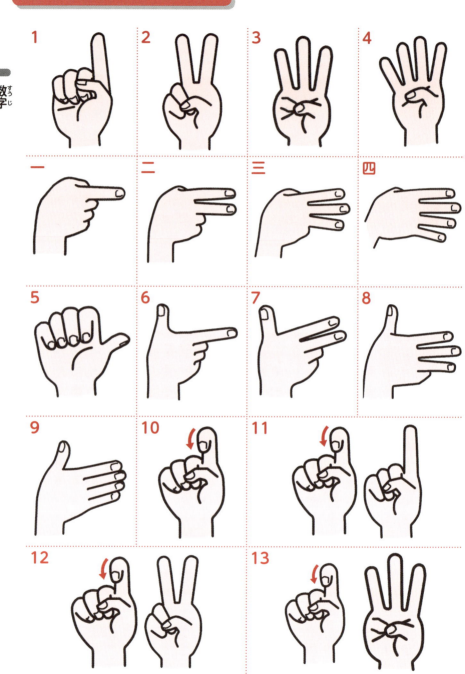

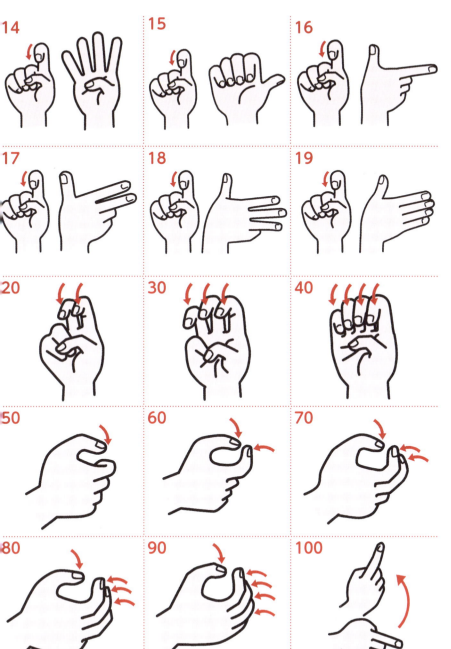

誕生日

[誕生日はいつ？]

自己紹介してみよう

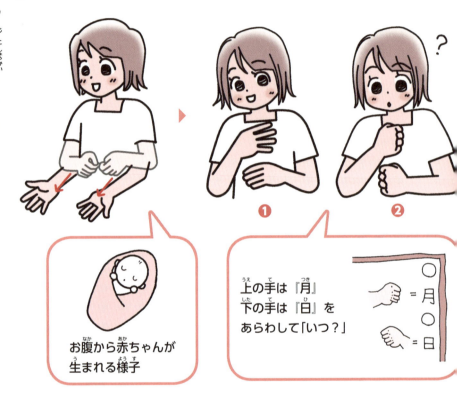

お腹から赤ちゃんが生まれる様子

上の手は『月』
下の手は『日』を
あらわして「いつ？」

MEMO

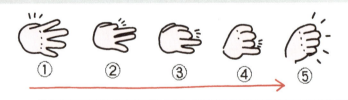

数を数える時は親指から順に指をおりましょう。
パラパラとリズムよく。

[7月25日]

7月

数字の「7」

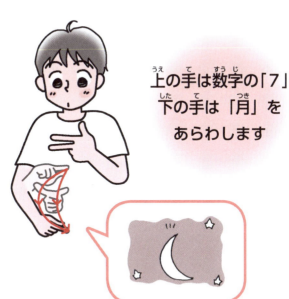

上の手は数字の「7」
下の手は「月」を
あらわします

自己紹介してみよう

（7月）25日

家族

自己紹介してみよう

[家族は何人？]

家族

家の中に家族がいます

指先をくっつけて家の形にします

何人？

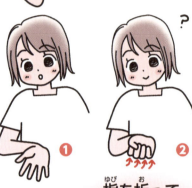

指を折って「いくつ？」と数えます

[3人]

数字の「3」の下に「人」を書きます

空書で自分の側から漢字の「人」を書きます

MEMO

人差し指で、自分の側から文字を書く事を『空書』といいます

[お父さんとお母さんとぼく]

お父さんと

3本の指の1番目をつまみます

ほっぺたをさしてから親指を上げると「お父さん」

お母さんと

3本の指の2番目をつまみます

ほっぺたをさしてから小指を上げると「お母さん」

ぼく

3本の指の3番目をつまみます

自分をさしましょう

自己紹介してみよう

MEMO
家族構成をあらわしてから人数をあらわしてもOK

49

家族

自己紹介してみよう

◆お父さん

◆お母さん

MEMO
 親指を立てると「男の人」、小指を立てると「女の人」の意味になります

◆お兄さん

◆弟

中指を上げると「お兄さん」

中指を下げると「弟」

MEMO
両手の中指を同時に上げ下げすると「兄弟」になります

◆お姉さん　　　　　　　◆妹

小指を上げると　　　　　小指を下げると
「お姉さん」　　　　　　「妹」

MEMO 両手の小指を同時に上げ下げすると「姉妹」になります

◆おじいちゃん　　　　　◆おばあちゃん

親指を軽くまげて「おじいちゃん」　　小指を軽く曲げて「おばあちゃん」

MEMO 歳をとると腰が曲がるので、指を曲げて表現します

自己紹介してみよう

住所

[わたしのおばあちゃんは北海道に住んでいるの]

わたしのおばあちゃんは

北海道に住んでるの

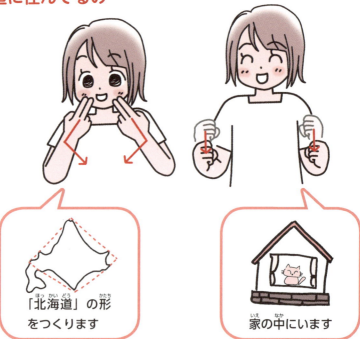

「北海道」の形をつくります

家の中にいます

自己紹介してみよう

[あなたのおばあちゃんは？]

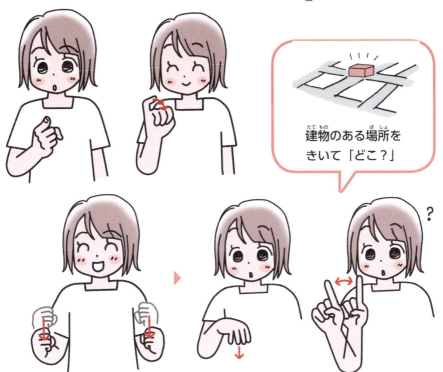

建物のある場所をきいて「どこ？」

自己紹介してみよう

[奈良に住んでいるよ]

『奈良の大仏さま』の形です

住所

自己紹介してみよう

[生まれたところはどこ？]

生まれたところは

どこ？

建物のある場所を
きいて「どこ？」

[京都]

京都は西にあるので『日の入り』をあらわします

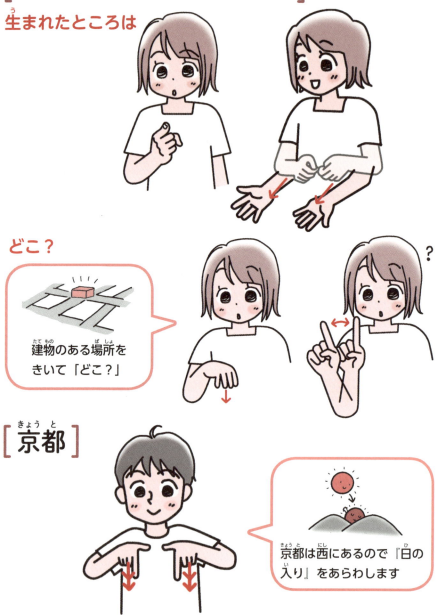

54

[ふーん わたしは神奈川生まれ]

ふーん

わたしは神奈川生まれ

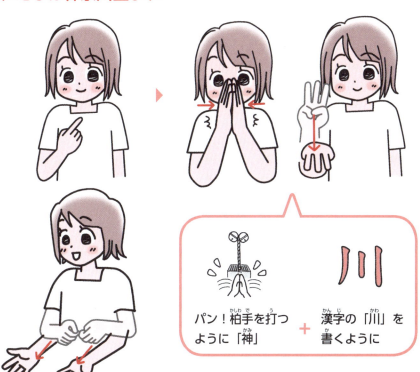

都道府県名

北海道

「北海道」の形

岩手

 +

ゴツゴツした「岩」 ＋ 「手」

青森

 ＋

ヒゲ剃り後が「青い」 ＋ 木がこんもりして「森」

宮城

 ＋

神社の屋根の形「宮」 ＋ 「城」のしゃちほこの形

秋田

大きな「蕗」
（秋田の名産）

福島

しあわせ♡「福」＋水に浮かんだ「島」

茨城

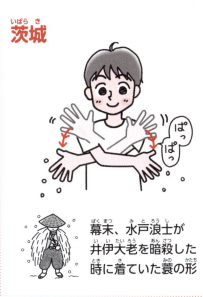

幕末、水戸浪士が井伊大老を暗殺した時に着ていた蓑の形

山形

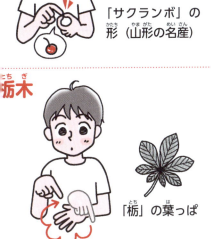

「サクランボ」の形（山形の名産）

群馬

手綱とムチで「ウマ」

栃木

「栃」の葉っぱ

埼玉

「玉」をコロコロ

都道府県名

都道府県名

千葉

漢字の「千」

新潟

大陸との貿易港なので船が出入りしま…

東京

日が昇る『東』にある都

富山

指文字の「ト」
山の形

神奈川

柏手を打って「神」 ＋ 漢字の「川」

石川

漢字の「石」 ＋ 漢字の「川」

福井

 ＋

しあわせ♡「福」 ＋ 漢字の「井」

長野

 ＋

「長い」ひも ＋ 指文字の「ノ」

山梨

「ブドウ」の形
（山梨の名産）

岐阜

長良川の鵜飼の
鵜のくちばし

静岡

「富士山」の形

都道府県名

59

都道府県名

都道府県名

愛知

男の子カワイイ♡

三重
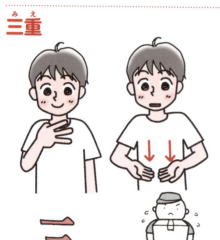
漢字「三」 ＋ 「重い」

滋賀

琵琶湖の「琵琶」

京都
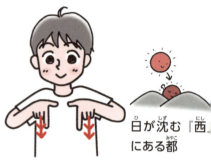
日が沈む『西』にある都

大阪

豊臣秀吉の兜から

兵庫

「兵隊」

奈良

「奈良」の
大仏さま

和歌山

「和歌」を詠む
様子

岡山

畳の材料のい草
（特産物）

鳥取

 ＋

「鳥」のくちばし ＋ ものを「取る」

島根

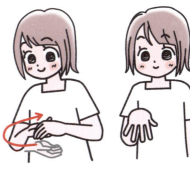

 ＋

水に浮かんだ「島」 ＋ 指文字の「ネ」

都道府県名

都道府県名

広島

宮島の厳島神社の鳥居の形

徳島

徳川家康のあごひげ ＋ 水に浮かんだ「島」

山口

「山」の形 ＋ 「口」のまわり

香川

いい「香り」 ＋ 漢字の「川」

愛媛 (えひめ)

女の子カワイイ♡

高知 (こうち)

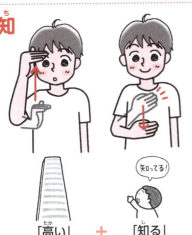

「高い」 ＋ 「知る」

佐賀 (さが)

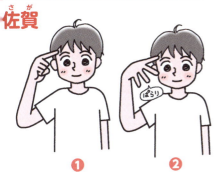

① ②
大学の角帽のふさ（佐賀県出身の大隈重信は早稲田大学を作りました）

福岡 (ふくおか)

半幅の博多帯

大分 (おおいた)

九州のこの辺!?

熊本 (くまもと)

熊本城を作った加藤清正の鎧の胴の印

都道府県名（とどうふけんめい）

63

都道府県名＋日本

都道府県名

長崎

「長い」ひも

＋

岬の先っぽ

宮崎

神社の屋根の形 ＋ 岬の先っぽ

鹿児島

「シカ」の角

沖縄

琉球舞踊の頭飾り

日本

「日本」の形

『地名』

　地名をあらわす手話には、その土地ならではの名産や特産物、その土地の有名な人物の特徴、その土地の歴史的な事実、漢字を組み合わせたものなどがあります。

　この本に載っている手話以外にも、昔からその土地で使われている手話や、新しく使われている手話があります。お年寄りの手話と、若い人の手話が違うなんて場合もあるんです。

　みなさんも、たくさんの地名の手話を覚えてくださいね。

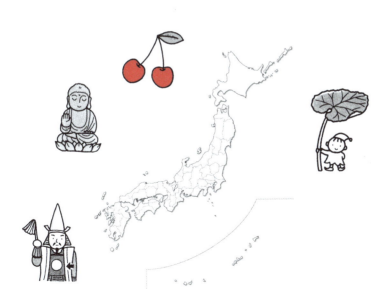

都道府県名

65

仕事

自己紹介してみよう

[お父さんのお仕事は?]

お父さんの

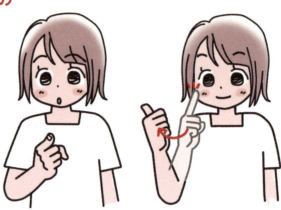

お仕事は？

紙を集めている様子

MEMO 印刷の仕事をする聞こえない人が多かったので、紙を集める仕草で「仕事」となったんだ

[理容師]

自己紹介してみよう

左手はクシ、右手はハサミでチョキチョキと切るように

◆仕事A

紙を集めている様子

◆仕事B

物を作っている様子

仕事

[きみのお父さんの仕事は？]

きみのお父さん

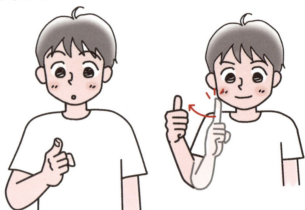

仕事は？

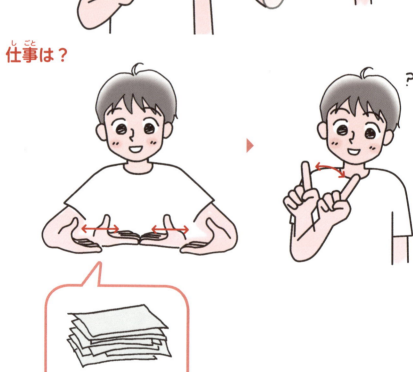

紙を集めている様子

自己紹介してみよう

[会社員]

背広のエリについた会社のマーク『徽章』（バッジ）をあらわして「員」

自己紹介してみよう

MEMO
証券取引所で、株の売買の時に使った手の動き『場立ち』の様子をあらわしています。今はコンピューターを使うようになったので『場立ち』はなくなってしまったね。

家と会社を行ったり来たりして「通う」

[東京に勤めてるの]

仕事

自己紹介してみよう

◆公務員

右手でカタカナの『ム』を書いて「公」

指文字の「ム」

背広のエリについたバッチをあらわします

◆学校の先生

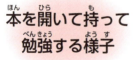

本を開いて持って勉強する様子

「先生」が教えている様子

◆お医者さん

脈をとる様子

「人」をあらわします

MEMO
親指は「男の人」の意味だけじゃなく、単に「人」をあらわすこともあります

自己紹介してみよう

◆看護師さん

脈をとって

お世話する

人(指文字のシ)

MEMO
「師」は指文字のシ、「士」は指文字のシを肩に当ててあらわします

仕事

自己紹介してみよう

◆警察官

警察官の帽子のマーク『旭日章』をあらわして「警察」

◆保育士

「子ども」の頭をグルグルなでます

お世話をする

指文字の「シ」を肩にあてます

2章

学校の話をしてみよう

学校

学校の話をしてみよう

[わたしはサクラ小学校の5年生]

わたしは

サクラ

小学校の

教科書を開いて勉強します

5年生

数字の「5」で軽く握った左手をトン！とたたきます

木の年輪をあらわします

ランドセルの肩ひもをあらわします

学校の話をしてみよう

[あなたの学校は？]

学校

[ぼくはアサヒろう学校小学部の5年生だよ]

学校の話をしてみよう

ぼくはアサヒ

ろう学校

耳が聞こえないことを「ろう」といいます

学校の話をしてみよう

小学部の

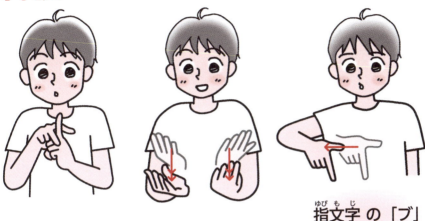

指文字の「ブ」

5年生だよ

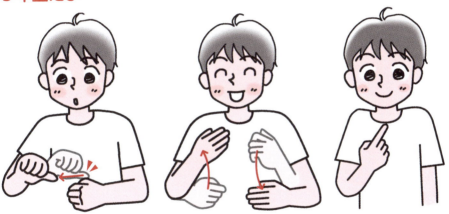

『ろう学校って？』

ろう学校（聴覚障害特別支援学校）には耳の聞こえにくい子どもたちが通っています。家から遠いところに学校がある場合が多いので通学が大変です。寄宿舎のあるろう学校もあり、家から学校までの通学が困難な子どもたちは寄宿舎に入って生活する場合もあります。

学校

学校の話をしてみよう

◆幼稚園

❶

❷

交互にパンパンと手をたたくように

◆幼稚部

❶

❷

指文字の「ブ」

◆保育園

◆中学校

教科書を開いて勉強します

学校の話をしてみよう

◆中学部

指文字の「ブ」

◆高校

学帽の2本線を あらわします

◆高等部

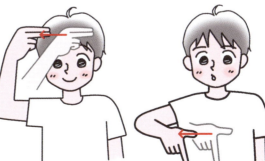

科目

学校の話をしてみよう

[わたしは算数が好き]

自分から見た形
右手と左手の数字「3」をトントンとぶつけるようにして「算数」

あごにさわってから前に引くように

[へぇー ぼくは算数は嫌い]

へぇー ぼくは

算数は嫌い

あごのひもをパチンとはじくように

[体育が好き]

こぶしで胸を
ドンドンとたたいて
「体育」

学校の話をしてみよう

『音楽の授業はあるの？』

ほとんどのろう学校で音楽の授業を行っています。音は聞こえにくくても振動はわかるので、太鼓や木琴などの打楽器で合奏をします。大きな紙に歌詞を書いて歌ったり、手話であらわしたり、さまざまな方法で音楽の授業を楽しんでいます。

科目

学校の話をしてみよう

◆国語

親指でポスターの
ピンを上→下と
とめます

MEMO

ろう学校では文字を覚えるために教室のいろいろなところに単語や文章を書いたものが貼ってあります。
「国語」はその様子をあらわしています。

◆理科

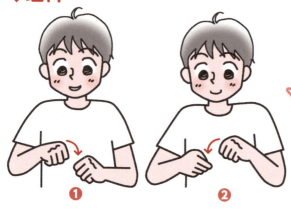

❶　❷

試験管に液体を注いで
「理科」

◆社会

自分から見たかたち

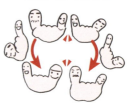

たくさんの人で輪を作って
「社会」です

88

◆音楽

学校の話をしてみよう

2拍子で指揮をとるようにして「音楽」

何かを作っている様子

◆図工

自分から見たかたち

左手が紙、右手が鉛筆

◆テスト

両手の親指の手のひら側を正面に向けて。隣の人と顔をあわせないようにして競います。右手と左手を交互に上下に動かします。

89

学校での生活

[給食はある？]

学校の話をしてみよう

給食は

ある？

[あるよ とってもおいしいんだよ]

あるよ

学校の話をしてみよう

とってもおいしいんだよ

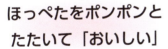

ほっぺたをポンポンと
たたいて「おいしい」

『「給食」について』

みなさんの学校には給食はありますか？ ろう学校にもよりますが、給食時には幼稚部から高等部までの子どもたちが食堂に集まります。小さな子どもから大きなお兄さんお姉さんが和気あいあいと楽しく食事をします。

学校での生活

◆休み時間

学校の話をしてみよう

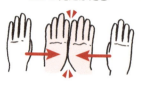
上から見たかたち

お店のシャッターが閉まって「休み」

腕時計をさして「時間」

◆トイレ

◆運動会

かけっこをするように
手を交互に動かします

学校の話をしてみよう

◆遠足

列を作って行進するように

◆時間割

タテ・ヨコの線を書いて「表」

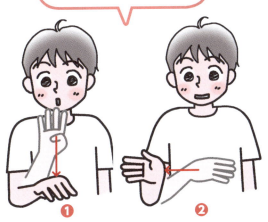

❶　❷

学校での生活

◆1時間目

学校の話をしてみよう

数字の「1」

腕時計をさして「時間」

目を人差し指でさします

◆放課後

学校

下に手をすぼめて「終わり」

手を前に出して「後」

『特別支援学校』

2007年までは「ろう学校」「盲学校」「養護学校」という名称に区分されていましたが、法律が改正され、全てが「特別支援学校」となりました。全国にある聴覚障害特別支援学校は、文部科学省の2015年5月1日現在の調べによると118校。そのうち国立が1校、私立が2校です。それぞれの学校によって名称や教育方針、環境は異なります。

例えば、神奈川県立平塚ろう学校には、幼稚部、小学部、中学部、高等部（本科・専攻科）があり、学級数にして34、全体で118人の児童・生徒が学んでいます。（2017年4月1日現在）

高等部本科には普通科と職業科があり、職業科には総合デザイン科・情報ビジネス科があります。専攻科には情報応用ビジネス科、総合生活デザイン科、理容・美容科の各科があり、さまざまな技術を身につけることができます。

1クラスは学部や学年によって違いますが、3人から8人程度で構成されています。

学校では手話や筆談、写真や絵カード、パソコンなどを使って目で見てわかるコミュニケーションを取っています。補聴器や人工内耳を着けている児童・生徒のために、音を聞き取りやすくする様々な工夫も行っています。

先生方は、声を出したり、手話を使ったり、文字を書いたり、それぞれの児童・生徒に合った方法で教育をしています。学校の中は工夫でいっぱいです。

みなさんの学校でも、特別支援学校との交流学習があるかもしれませんね。そんな時は、恥ずかしがらず、色々な方法でコミュニケーションしてみてくださいね。

遊び

学校の話をしてみよう

[どんな遊びが好き？]

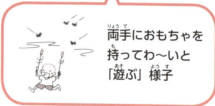

両手におもちゃを持ってわ〜いと「遊ぶ」様子

[ドッジボール]

❶ ボールを受けて　　❷ 投げる！

[じゃあ 友だちを呼んで一緒に遊ぼう！]

じゃあ

友だちを呼んで

一緒に遊ぼう！

遊あそび

学校がっこうの話はなしをしてみよう

◆なわとび

なわとびをする様よう子す

◆おにごっこ

おいかけっこをします

◆鉄てつ棒ぼう

けんすいをするように

◆ブランコ

ブランコをゆらすように両りょう手てを前ぜん後ごにふります

◆野球

右手がバット
左手がボール
で、カーン!!と

◆サッカー

右手が足、
左手が
ボールです

学校の話をしてみよう

◆トランプ

トランプを
切るように

◆TVゲーム

ゲームの
コントローラーを
親指で押すように

MEMO
遊びに関する手話は、遊んでいる様子を
そのままあらわすことが多いよ。

学校の話をしてみよう

『様々なコミュニケーションの手段』

　耳の聞こえない人のコミュニケーションの手段はたくさんあります。

　たとえば、補聴器をつけて音を聞く、相手の口の動きを見て言葉を読み取る、絵や文字を書いて伝える、指文字や手話を使うなど、いろいろな手段を組み合わせてコミュニケーションをとります。

　小さい時に耳の聞こえなくなった人と、大人になってから聞こえなくなった人では、コミュニケーションの手段が異なる場合もあります。

　どんな手段をとれば相手に伝わるのか、いろいろ工夫してみてくださいね。

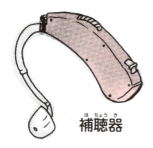
補聴器

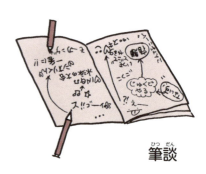
筆談

3章

いっぱい
話してみよう

第3話
コウタの家に遊びに行って

時間

[朝　何時に起きる？]

いっぱい話してみよう

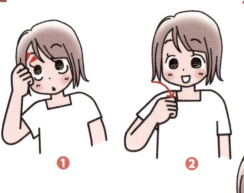

[7時ごろ]

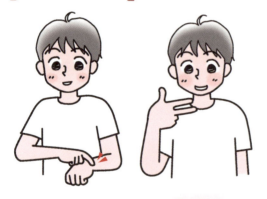

数字の「7」

上から見た図
中央線をはさんで左右に動かすように

◆昼

短い針と長い針が12時の位置で「昼」だよ

いっぱい話してみよう

◆夕方

横から見たところ

お日さまがだんだん沈んでいく様子

◆夜

お日さまが沈んで暗くなります

時間

いっぱい話してみよう

◆寝る

枕に頭を乗せます

◆お風呂

身体をゴシゴシ洗います

◆出かける

家の中から外に出ます

◆今日

『今、自分がここにいる』と強調するように

いっぱい話してみよう

◆昨日

一日前をあらわします

◆明日

一日後をあらわします

MEMO

『時間の流れ』
自分のいる所が「現在」「今日」「今」、後ろが「過去」、前が「未来」をあらわします

113

食べ物

[好きな食べ物はなに？]

いっぱい話してみよう

好きな食べ物は

なに？

『「食べる」「飲む」のあらわし方』

「食べる」「飲む」の手話は「何を食べているか」「何を飲んでいるか」であらわし方が異なります。「ご飯」だったらお茶碗とお箸を使って、「寿司」だったら指でつかんで食べる仕草をあらわします。「日本茶」だったら湯飲み茶碗を両手で持って、「コーヒー」「紅茶」はカップの取っ手をつかんで飲む仕草をあらわしましょう。

[カレーライス　きみは？]

カレーライス

口のまわりが
ヒリヒリ

スプーンを
持ってパクパク

いっぱい話してみよう

きみは？

食べ物

[わたしもカレー大好き！]

いっぱい話してみよう

わたしも

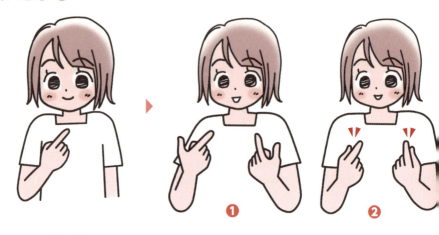

カレー大好き！

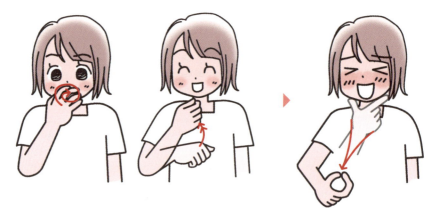

「好き」よりも、もっと強く引っ張ります

◆いただきます

ご飯をいただく前に、手を合わせて感謝します

◆ごちそうさま

ほっぺたを
ポンポン

『おいしくて
感謝！』

いっぱい話してみよう

◆おいしい

ほっぺたを
ポンポン

おいしくて
ホッペが落
ちそう

◆まずい

あまりにまずくて
ペッと吐き出すよ
うに

食べ物

いっぱい話してみよう

◆ご飯

左手はお茶碗、右手はおはしです

◆ラーメン

指文字「ラ」で

◆スパゲティ

フォークでスパゲティをクルクルと

◆お寿司

お寿司をにぎっているところ

いっぱい話してみよう

◆蕎麦

指文字「ソ」で。そばちょこにお蕎麦をつけて食べます

◆ピザ

ピザを持って口にはこびます

119

食べ物

いっぱい話してみよう

◆ハンバーガー

ハンバーガーを口に持っていってパクパク

◆日本茶A

右手で湯飲み茶碗を持って、左手にトントンと当てます

◆日本茶B

きゅうすからお茶をそそぎます

◆コーヒー

左手はコーヒーカップ。右手のスプーンでグルグルかきまぜます

◆紅茶

ティーバッグをカップに入れたりあげたり…

いっぱい話してみよう

◆ジュース

アルファベットの『J』をストローのように口に持っていきます

◆ウーロン茶

指文字「ウ」と「日本茶B」の合体

四季

[夏と冬　どっちが好き？]

いっぱい話してみよう

夏と冬

どっちが好き？

『こっち？　それともこっち？』と、両手に乗せたものを上げ下げして「どっち？（どちら？）」

[夏が好き]

夏休みに家族で海水浴に行くんだ

夏休みに

いっぱい話してみよう

家族で

両手の人差し指をくっつけます

海水浴に

小指でちょっと塩をなめる

水が流れます

平泳ぎをするように

行くんだ

四季

いっぱい話してみよう

◆春

下から暖かな風が吹いてきます

◆夏

うちわでパタパタあおぎます

◆秋

前から涼しい風が吹いてきます

◆冬

寒くてブルブルふるえます

◆四季

左手は4つの季節。右手でクルリクルリと季節の変化をあらわします

いっぱい話してみよう

> **MEMO**
> 「春」は「暖かい」、「夏」は「暑い」、「秋」は「涼しい」、「冬」は「寒い」という意味にもなります。

動物・魚・虫

[わたし　ネコを飼っているの]

いっぱい話してみよう

『手話は世界共通？』

手話は世界共通ではありません。日本の手話がそのまま外国で通じるわけでもありません。手話はその国の文化や生活習慣に根ざしています。地域や年代、性別によっても違いがあります。

[へぇー　ぼくはイヌ]

イヌの耳をパタパタ

いっぱい話してみよう

[かわいいよね]

親指をいいこ、いいこ

動物・魚・虫

いっぱい話してみよう

◆ネズミ

ネズミの歯

◆ウシ

ウシの角

◆トラ

トラの柄

◆ウサギ

ウサギの耳

いっぱい話してみよう

◆タツ

タツのひげ

◆ヘビ

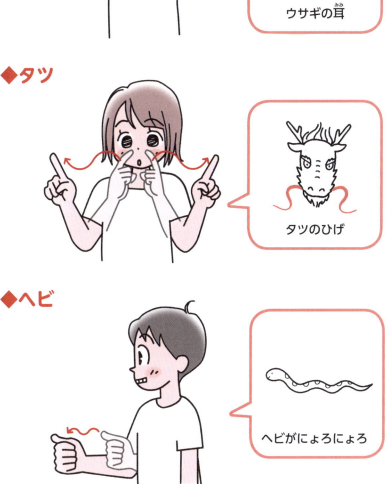

ヘビがにょろにょろ

動物・魚・虫

いっぱい話してみよう

◆ウマ

手綱とムチ

◆ヒツジ

ヒツジの角

◆サル

サルのしぐさ

◆ニワトリ

ニワトリのとさか

◆イノシシ

イノシシのキバ

◆ライオン

ライオンのたてがみ

いっぱい話してみよう

動物・魚・虫

いっぱい話してみよう

◆サカナ

サカナが泳ぐ

◆カメ

カメが甲羅から顔を出す

◆ムシ

シャクトリムシが進む

◆チョウチョ

チョウチョが
羽をひらひら

いっぱい話してみよう

◆トンボ

トンボが羽をぱたぱた

◆カタツムリ

カタツムリが
角を出して進む

曜日

[来週の土曜日は手話サークルだね]

いっぱい話してみよう

来週の土曜日は

数字の「7」を前に動かして「来週」

土をパラパラと落として「土曜日」

手話サークルだね

手で話をして「手話」

指文字「サ」をぐるりと回して「サークル」

[行く？]

いっぱい話してみよう

[うん　お母さんと一緒に行くよ]

うん

お母さんと一緒に行くよ

曜日

いっぱい話してみよう

◆日曜日

◆月曜日

◆火曜日

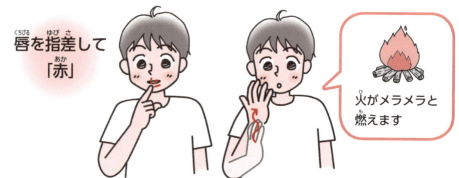

◆水曜日

いっぱい話してみよう

◆木曜日

◆金曜日

曜日

いっぱい話してみよう

◆土曜日

土をつかんでパラパラ落とすように

◆祝日

パーン！と花火が上がります

お店のシャッターが閉まって「休み」

◆一週間

数字の「7」を右に動かします

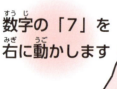

右手と左手で「間」を作ります

◆今週

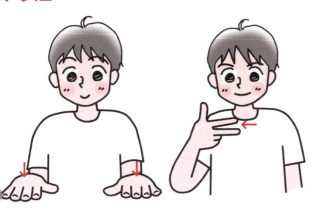

数字の「7」を
右に動かします

いっぱい話してみよう

◆来週

◆先週

数字の「7」を
前に動かします

数字の「7」を
後ろに動かします

天気

[明日晴れるといいな]

いっぱい話してみよう

明日晴れると

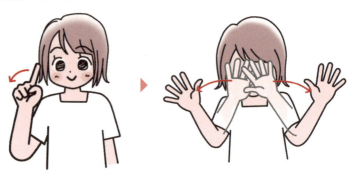

いいな

胸がワクワクして「楽しい」

ほおづえをついて「待つ」仕草

[どうして？]

「理由」をたずねます

140

運動会があるの

運動会が

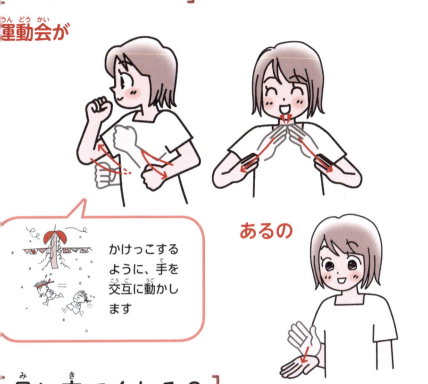

かけっこするように、手を交互に動かします

あるの

いっぱい話してみよう

見に来てくれる？

指文字の「メ」で見ます

いっぱい話してみよう

[もちろん！]

[本当？　じゃ 約束ね！]

本当？

横からみたところ

あごに手を
トントンと
当てます

じゃ 約束ね！

指切りげんまん
して「約束」

手のアップ

感情をあらわす表現

◆うれしい（楽しい）

うれしくて
胸がウキウキ

◆恥ずかしい

恥ずかしくて
鼻をぽりぽり

いっぱい話してみよう

◆悲しい

悲しくて
涙がポロポロ

◆さびしい

さびしくて
しょんぼり

天気

いっぱい話してみよう

◆晴れ

雲ひとつなく晴れあがった様子

◆雨

雨がザァーザァー降る様子

◆くもり

雲がモクモクひろがっている様子

◆ 風

風がピューピュー吹く様子

いっぱい話してみよう

◆ 雪

雪がチラチラ降る様子

◆ 雷

稲妻がピカッと光る様子

145

乗り物

いっぱい話してみよう

◆自転車

自転車のペダル

◆自動車

自動車のハンドル

◆バス

バスがすすむ

MEMO

乗り物をあらわす時は形を思いうかべてあらわしましょう。

◆電車

左手は架線、右手は電車のパンタグラフ

いっぱい話してみよう

◆新幹線

新幹線の形

◆地下鉄

地下を電車がすすむ

乗り物

いっぱい話してみよう

◆飛行機

飛行機が飛ぶ

◆船

船がすすむ

◆オートバイ

オートバイのハンドル

方角 (ほうがく)

◆東 (ひがし)

お日さまが昇る

◆西 (にし)

お日さまが沈む

いっぱい話してみよう

◆南 (みなみ)

暑くてあおぐ

◆北 (きた)

漢字の「北」を書くように

149

第4話
聴導犬ってどんな仕事をするの？

さくいん

単語

あ
愛知 60
青い 56
青森 56
秋 136
秋（涼しい）...... 124
秋田 56
明日 113
遊ぶ 96
暑い 94
あなた 23
雨 144
ありがとう 20
い 26 59
いくつ？ 48
石 58
石川 58
医者（お医者さん）...... 71
いただきます 117
1時間目 94
いつ？ 46
一週間 138
井上 26
イノシシ 131
茨城 57
妹 51
岩 56
岩手 56
員 69
上 26
ウーロン茶 121
ウサギ 129
ウシ 128
ウマ 57 130
運動会 93
愛媛 63
遠足 93
うれしい（楽しい）... 143
おいしい 91 117
大分 63
大川 27

大阪 60
オートバイ 148
お母さん 50
岡山 61
沖縄 64
おじいちゃん 51
同じ 43
お父さん 50
弟 50
お兄さん 50
おにごっこ 98
お姉さん 51
おばあちゃん 51
おはよう 18
重い 60
終わり 94
音楽 89

か
香り 62
香川 62
鹿児島 64
風 145
カタツムリ 133
学校の先生（先生）...... 70
神奈川 55 58
悲しい 143
神 55 58
雷 145
カメ 132
通う 69
火曜日 136
川 27 55 58 62
看護師 71
北 149
昨日 113
岐阜 59
今日 113
京都 54 60
金曜日 137
口 62
熊本 63

くもり 144
群馬 57
警察官 72
月曜日 136
高校 85
高知 63
紅茶 121
高等部 85
公務員 70
コーヒー 120
国語 88
ごちそうさま 117
子ども 72
ご飯 118
ごめんね 21
今週 139
こんにちはA 16
こんにちはB 18
こんばんは 19

さ
埼玉 57
佐賀 63
サークル 134
サカナ 132
サクランボ 57
佐々木 28
サッカー 99
佐藤（砂糖）...... 28
さびしい 143
さようなら 21
サル 130
三 60
算数 86
士 72
シカ 64
滋賀 60
時間 92 94
時間割 93
四季 125
仕事A　仕事B 67
静岡 59
自転車 146

自動車 146
島 57 61 62
島根 61
社会 88
ジュース 121
祝日 138
手話 134
小 24
知る 63
城 56
新幹線 147
水曜日 137
図工 89
寿司 119
スパゲティ 118
千 58
先週 139
蕎麦 119

た
大 27
体育 87
高い 63
タツ 129
楽しい 140
玉 57
地下鉄 147
千葉 58
中学校 85
中学部 85
チョウチョ 133
手 56
出かける 112
テスト 89
鉄棒 98
TVゲーム 99
電車 147
トイレ 92
東京 58
徳島 62
どこ？ 53 54
栃 57
栃木 57

単語

どっち？(どちら？) … 122	ネ … 61	福島 … 57	**や**
ドッジボール … 96	ネズミ … 128	富士山 … 59	野球 … 99
鳥取 … 61	寝る … 112	ブドウ … 59	約束 … 142
富山 … 58	年齢 … 42	船 … 148	休み … 92 136
土曜日 … 134	ノ … 59	冬(寒い) … 125	休み時間 … 92
トラ … 128	**は**	風呂 … 112	山 … 27 62
トランプ … 99	はじめまして … 19	ブランコ … 98	山形 … 57
鳥 … 61	バス … 146	兵隊 … 60	山口 … 62
取る … 61	恥ずかしい … 143	へえー … 55	山梨 … 59
トンボ … 133	服部A 服部B … 29	ヘビ … 129	山本 … 27
な	林 … 24	保育園 … 84	夕方 … 111
中 … 22	春(暖かい) … 124	保育士 … 72	雪 … 145
長い … 59 64	晴れ … 144	放課後 … 94	幼稚園 … 84
長崎 … 64	ハンバーガー … 120	ぼく … 24	幼稚部 … 84
長野 … 59	東 … 149	北海道 … 52 56	夜 … 111
夏(暑い) … 124	飛行機 … 148	本 … 27	よろしく … 20 25
なに … 23	ピザ … 119	**ま**	**ら**
名前A … 22 24 26	ヒツジ … 130	まずい … 117	ラーメン … 118
名前B … 26	人 … 48 71	待つ … 140	ライオン … 131
奈良 … 61	表 … 93	三重 … 60	来週 … 139
なわとび … 98	兵庫 … 60	南 … 149	理科 … 88
新潟 … 58	昼 … 16 111	宮 … 56	理由 … 140
西 … 149	広島 … 62	宮城 … 56	ろう … 82
日曜日 … 136	琵琶 … 60	宮崎 … 64	**わ**
日本 … 64	蕗 … 56	ムシ … 132	わたし … 22
日本茶A … 120	福 … 57 59	メ … 141	和歌 … 61
日本茶B … 120	福井 … 59	木曜日 … 137	和歌山 … 61
ニワトリ … 131	福岡 … 63	森 … 56	

会話文

あ

朝 何時に起きる？ 7時ごろ … 110
明日晴れるといいな … 140
あなたのおばあちゃんは？ … 53
あなたの学校は？ … 81
あなたは？ … 23 42
あるよ とってもおいしいんだよ … 91
生まれたところはどこ？ 京都 … 54
行く？ うん お母さんといっしょに行くよ …135
うん 元気だよ！ … 17
運動会があるの … 141
お父さんとお母さんとぼく … 49

お父さんのお仕事は？ … 66

か

家族は何人？ 3人 … 48
カレーライス きみは？ … 115
会社員 東京に勤めているの … 69
かわいいよね … 127
きみのお父さんの仕事は？ … 68
給食はある？ … 90
こんにちは 元気？ … 16

さ

じゃあ 友だち呼んで一緒に遊ぼう！ … 97
好きな食べ物はなに？ … 114

た
体育が好き ……………………… 87
誕生日はいつ？ ………………… 46
どうして？ ……………………… 140
どんな遊びが好き？　ドッジボール ……… 96

な
夏が好き ………………………… 122
夏と冬どっちが好き？ ………… 122
夏休みに家族で海水浴に行くんだ ……… 123
奈良に住んでいるよ …………… 53

は
7月25日だよ …………………… 47
ふーん　わたしは神奈川生まれ …… 55
へえー　ぼくはイヌ　かわいいよね …… 127
へえー　ぼくは算数は嫌い ……… 86
ぼくはアサヒろう学校小学部の5年生だよ …… 82
ぼくは小林コウタ ………………… 24
ぼくも11歳だよ ………………… 43

ま
本当？　じゃ 約束ね！ ………… 142

ま
見に来てくれる？ ……………… 141
もちろん ………………………… 142

や
よろしく ………………………… 25

ら
来週の土曜日は手話サークルだね …… 134
理容師 …………………………… 67

わ
わたしネコを飼っているの ……… 126
わたしのおばあちゃんは
　北海道に住んでいるの ………… 52
わたしは11歳 あなたは？ ……… 42
わたしはサクラ小学校の5年生 …… 80
わたしは算数が好き …………… 86
わたしは中原アヤミ …………… 22
わたしも　カレー大好き！ ……… 116

さくいん

指文字

あ
ア行〜ワ行 …………………… 30〜39

か
ガム ……………………………… 39
カレー …………………………… 41

た
ドラえもん ……………………… 41

は
ピカチュウ ……………………… 41
ペン ……………………………… 40

や
野球 ……………………………… 40

数字
数字 1〜100 ……………… 44 45

参考文献
● 『最新版 すぐに使える手話 』（主婦と生活社）深海久美子著
● 『学校の手話 』（星湖舎）
　特定非営利活動法人 ろう教育を考える全国協議会
● 『わかりやすい手話辞典』（ナツメ社）
　緒方英秋著／米内山明宏監修
● 『すぐに使える手話辞典6000』（ナツメ社）
　緒方英秋著／米内山明宏監修
● 『おやこ手話じてん』（東邦出版）全国早期支援研究協議会
● 『わたしたちの手話』一般財団法人全日本ろうあ連盟

マンガ参考資料
● 目黒区 盲導犬、介助犬、聴導犬の給付
　http://www.city.meguro.tokyo.jp/kurashi/shogai_
　fukushi/shien/yogu_bupin/hojoken.html
● みやざきバリアフリー情報マップ
　http://m-bfree.pref.miyazaki.lg.jp/kids/choudou_a.html
● 〈ゆびぷら〉ユニバーサルデザイン／バリアフリーぷらざ
　http://ud-shizuoka.jp/ubpla/hojoken.html
● 公益社団法人日本補助犬協会
　http://www.hojyoken.or.jp/hearingdog/category1/
● 政府広報オンライン
　https://www.gov-online.go.jp/useful/
　article/201002/3.html
● NHK手話ニュース
　http://www.nhk.or.jp/shuwa/

取材協力
神奈川県立平塚ろう学校

著者紹介

著者：深海久美子（ふかみ くみこ）

元NHK手話ニュース キャスター
高校２年生の時に手話と出会い、当時最年少で神奈川県手話通訳者となる。1991年から2016年までNHK手話ニュースキャスターを務める。和光大学、鶴見大学短期大学部、神奈川県立平塚看護大学校等の非常勤講師。その他、学校・企業・官公庁での講演および手話指導に携わる。手話通訳士。監修本に『最新版・すぐ使える手話』『やさしい手話 超早引き便利ブック』（主婦と生活社）、『わたしだって、できるもん！』（新評論）等がある。

作画：野々木　のこ（ののき　のこ）

19才の時に『マーガレット』（集英社）で漫画家デビュー。その後もマンガやイラスト、テレビ制作の現場など、多方面で地道に執筆を続けている。今回初めて手話の世界に触れて、その奥深さを知り、多くの人に伝えたいという思いから、イラストとマンガを手がけた。赤ちゃんとママをサポートする仕事もしている。かわいい雑貨が大好きな、東京(渋谷区)に住む関西人。

スタッフ

企画・編集　　（有）ワイワイネット　中曽根陽子
編集協力　　　SASA　湊里香　深沢葉子　平沢恭子
デザイン　　　ダイアートプランニング　今泉明香

編集後記

この本は、2004年発行の『親子で学ぼう！これならわかる　はじめての手話』を元に、加筆・修正を行うとともに、イラストやデザインを刷新して再編集を行いました。
発行当時から、手話を学ぶだけでなく、聞こえない子どもたちの世界を紹介する本として反響がありましたが、発行から14年経ち、こういう形であらためて発行できることになりましたことを嬉しく思っています。この本をきっかけにして手話への理解が広がりますように。

親子で学ぼう！はじめての手話
楽しみながら基本がわかる

2018年６月５日　第１版・第１刷発行
2025年７月10日　第１版・第10刷発行

著　者　　深海　久美子（ふかみ　くみこ）
作　画　　野々木　のこ（ののき　のこ）
発行者　　株式会社メイツユニバーサルコンテンツ
　　　　　代表者　大羽　孝志
　　　　　〒102-0093東京都千代田区平河町一丁目1-8
印　刷　　三松堂株式会社

◎『メイツ出版』は当社の商標です。

●本書の一部、あるいは全部を無断でコピーすることは、法律で認められた場合を除き、著作権の侵害となりますので禁止します。
●定価はカバーに表示してあります。
© ワイワイネット,深海久美子,野々木のこ,2004,2018.ISBN978-4-7804-2029-6 C2037
Printed in Japan.

ご意見・ご感想はホームページから承っております。
ウェブサイト https://www.mates-publishing.co.jp/

企画担当：折居かおる　　制作担当：清岡香奈